EXPOSITION UNIVERSELLE
PARIS
1889.

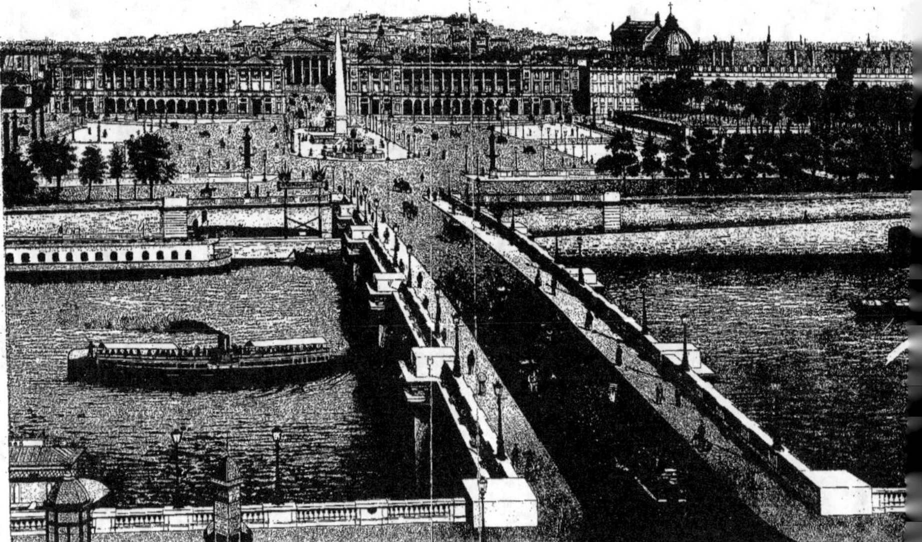

PANORAMA DE LA PLACE DE LA CONCORDE.

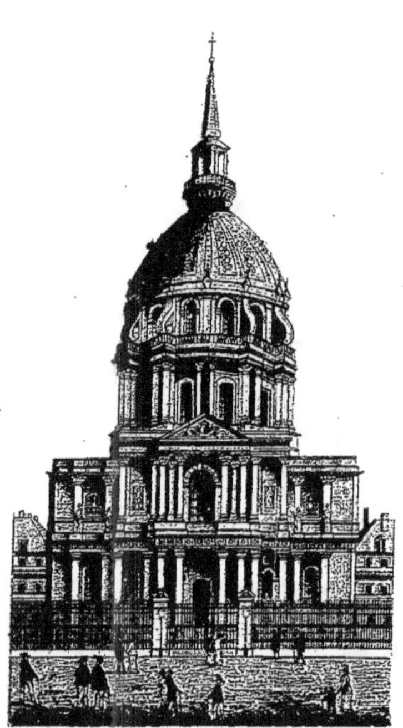

DÔME DES INVALIDES.

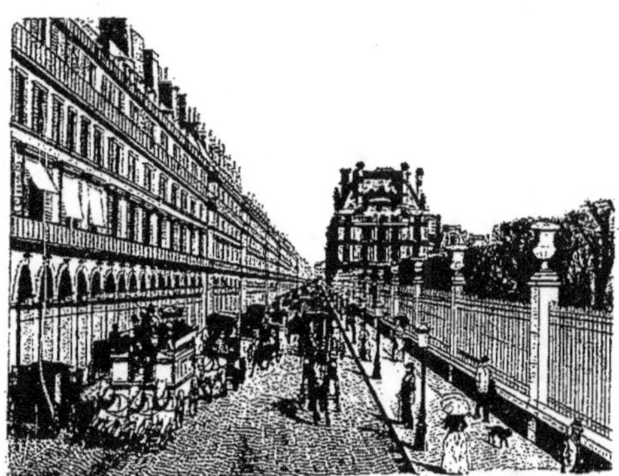

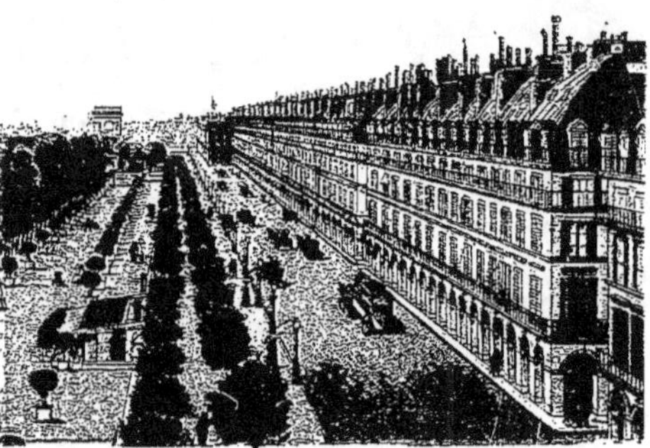

LA RUE DE RIVOLI ET LE JARDIN DES TUILERIES.

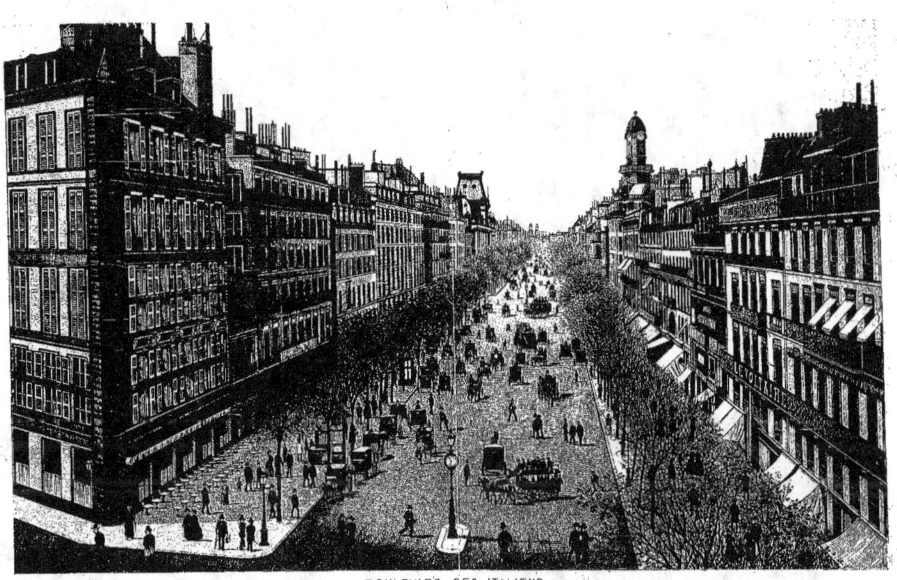

BOULEVARD DES ITALIENS.

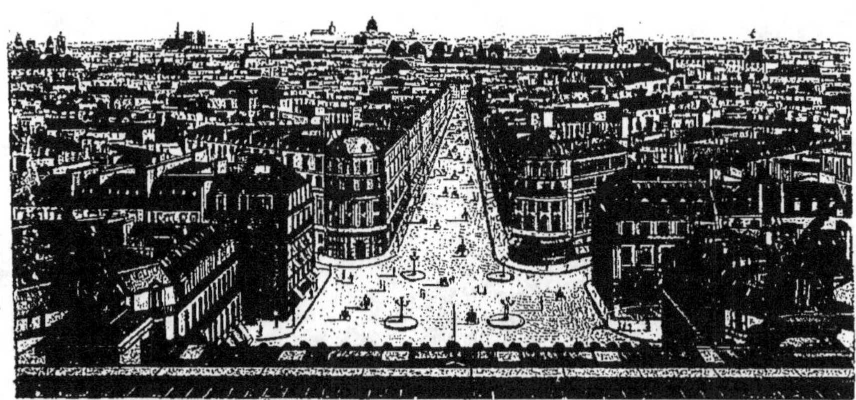

PANORAMA DE PARIS. VUE PRISE AU SUD DE L'OPÉRA.

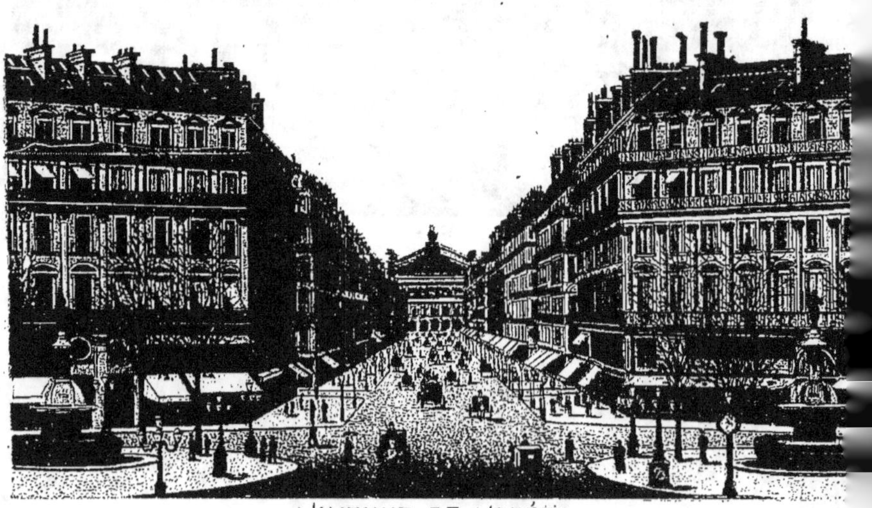

L'AVENUE DE L'OPÉRA.

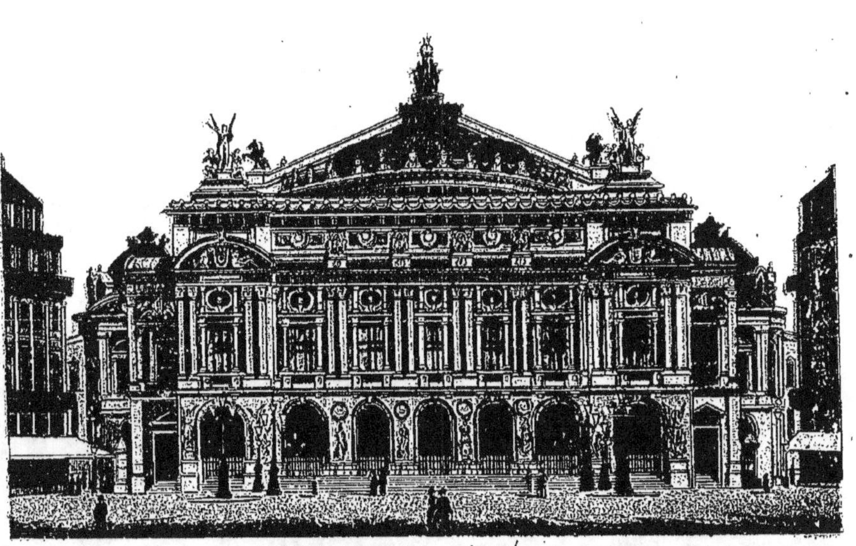

FAÇADE DE L'OPÉRA.

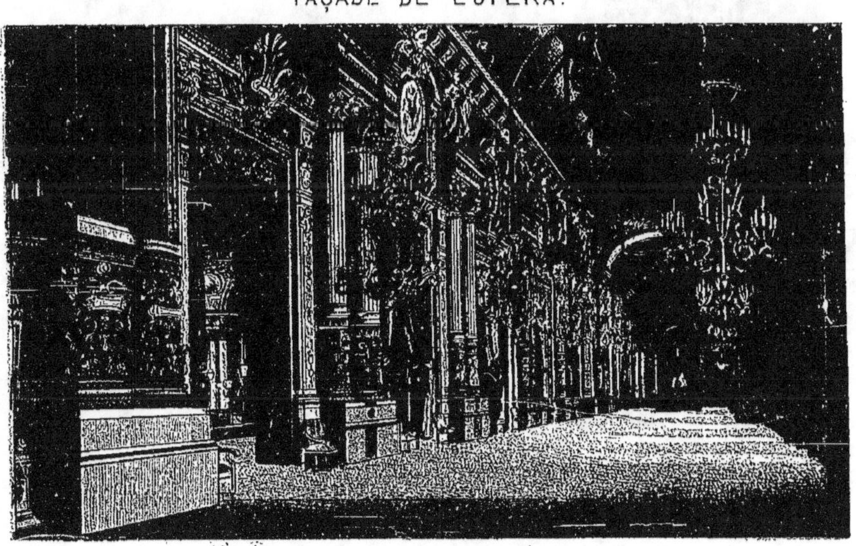

LE FOYER DE L'OPÉRA.

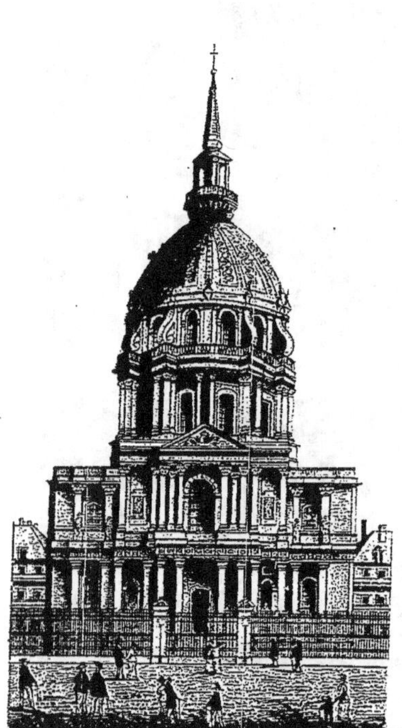

DÔME DES INVALIDES.

LA RUE DE RIVOLI

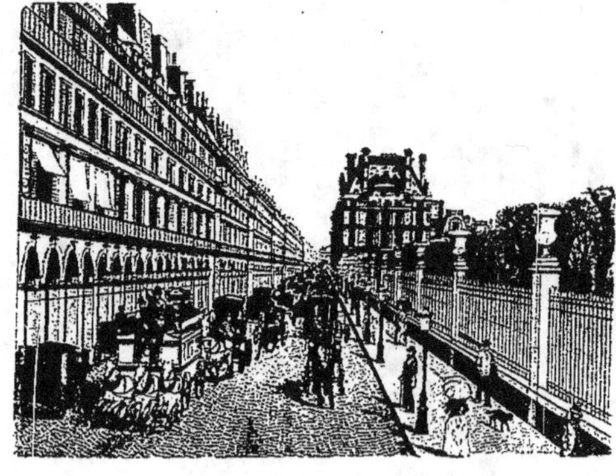

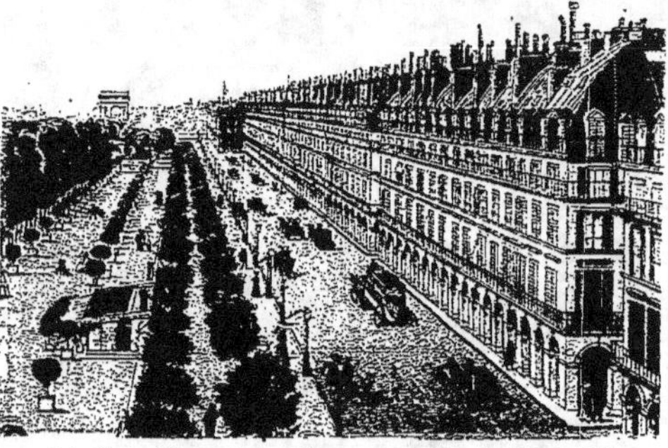

LA RUE DE RIVOLI ET LE JARDIN DES TUILERIES

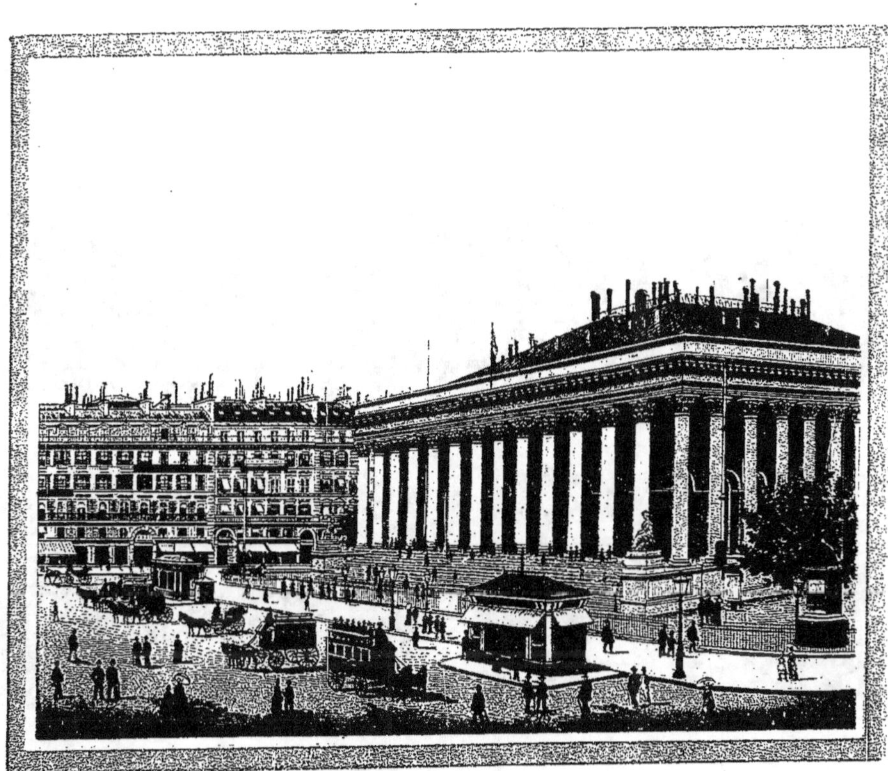

LA PLACE DE LA BOURSE.

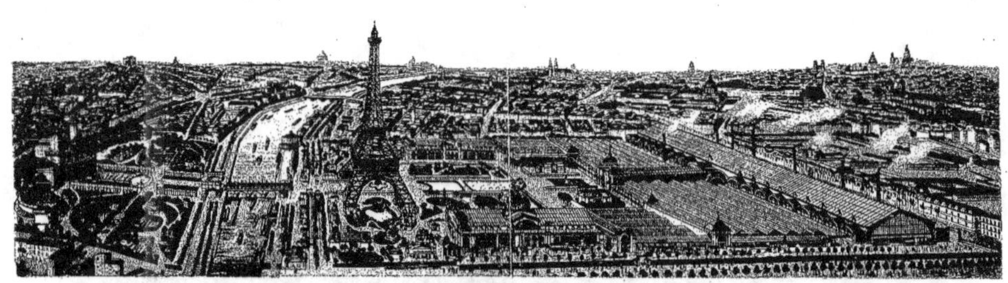

VUE GÉNÉRALE DE L'EXPOSITION DE 1889.

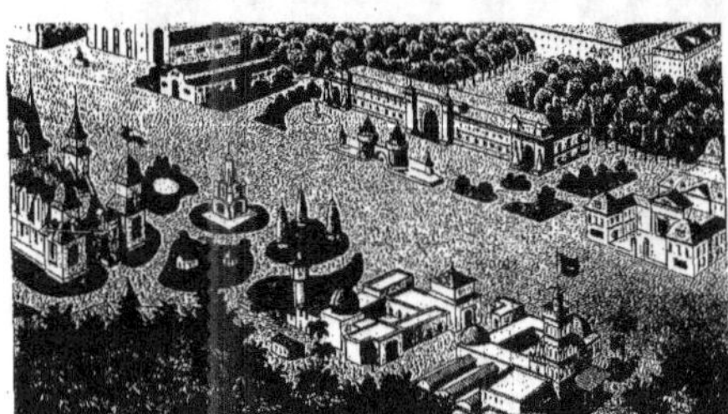

VUE PANORAMIQUE DE L'ESPLANADE DES INVALIDES.

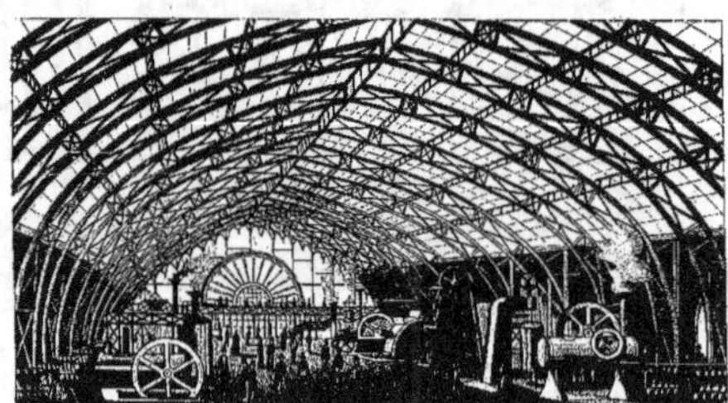

PALAIS DES MACHINES.